W0291732

Tout yaourtière

Dans la même collection

Conception graphique : Rachida Zerroudi
Connectez-vous sur : www.lamartinieregroupe.com

© 2009 Éditions Minerva, Genève (Suisse)
ISBN : 978-2-8307-1020-5

Tous droits de traduction, d'adaptation et de reproduction, sous quelque forme que ce soit, réservés pour tous pays.

Tout yaourtière

30 recettes sucrées et salées

l'authenticité « fait maison » !

Nathalie de Loeper

-

Photographies Françoise Nicol
Stylisme Virginie Michelin

Minerva

La yaourtière

sommaire

Yaourts sucrés

Yaourts salés

PASTEURISÉ
COOPÉRATIVE
D'HERBEVILLE

introduction

Qu'est-ce qu'un yaourt ?

Le yaourt est composé d'un mélange de lait et de ferments lactiques. Soumis à une chaleur douce, ce mélange va alors cailler et se transformer en yaourt plus ou moins liquide, plus ou moins onctueux, selon la teneur en matière grasse du lait et les ingrédients qu'on lui aura ajoutés pour le parfumer.

Quel lait et quel ferment choisir ?

Le lait UHT est le plus sûr, il permet la conservation du yaourt jusqu'à 5 jours au réfrigérateur. Un lait entier facilitera la prise du yaourt. Vous pouvez cependant utiliser du lait demi-écrémé, mais en ajoutant de préférence un peu de lait en poudre pour ne pas risquer une mauvaise prise et donc l'obtention d'un yaourt trop liquide. Laits de vache, de chèvre ou de brebis donneront d'excellents yaourts. Pour les laits végétaux, tels que soja, amande, noisette ou coco, l'onctuosité est plus aléatoire et la consistance souvent moins homogène, même en étuvant en deux temps pour mélanger une seconde fois.

Les ferments lactiques sont vendus en sachet, en pharmacie ou dans les magasins de produits biologiques et diététiques mais, plus simplement, un yaourt de bonne qualité et de grande fraîcheur conviendra parfaitement. Si vous faites des yaourts nature, vous pourrez reprendre un yaourt de votre précédente fabrication pour servir de ferment à la nouvelle. Au bout de trois fois, il vous faudra reprendre un autre yaourt, ou du ferment lactique.

Les avantages de la yaourtière

Pour permettre au yaourt de se faire, il faut d'une part une chaleur douce (entre 37 °C et 45 °C environ), de l'autre une atmosphère d'étuve. Ces conditions sont réunies dans une yaourtière, dont l'utilisation est des plus simples.

Je vous recommande une yaourtière permettant la réalisation simultanée de 8 yaourts, ce qui rentabilisera au maximum votre temps de préparation et votre consommation d'énergie.

La recette de base du yaourt en yaourtière

Pour 8 pots, mélangez 70 cl de lait, entier de préférence, avec un yaourt ou un sachet de ferment. Versez cette préparation dans les pots, sans les couvrir. Fermez le capot de la yaourtière, mettez-la

en marche et laissez étuver sans ouvrir ni remuer pendant 8 à 9 heures (la yaourtière s'éteindra au bout d'une heure de fonctionnement environ et gardera sa chaleur tout le reste du temps sans autre consommation d'énergie).

Ce qu'il faut savoir pour réussir

Les ingrédients doivent être à la même température, tièdes ou froids, mais jamais chauds. N'utilisez pas de fruits ou de légumes crus, leur acidité empêcherait le ferment d'agir. Privilégiez sirops, purées, compotes et coulis cuits ou confitures.

Pour les yaourts salés, n'ajoutez pas de sel à vos préparations.

Si le lait a été chauffé, puis tiédi, la prise des yaourts est moins longue : 4 à 5 heures environ.

Il est préférable de faire fonctionner votre yaourtière dans une pièce chaude ou tiède ; évitez les lieux froids.

L'entretien de la yaourtière

Quel que soit le type de votre yaourtière, son entretien est très simple. Les pots peuvent passer au lave-vaisselle ; pour certains modèles de yaourtière, il est possible d'acheter un jeu de pots supplémentaire, ce qui permet un roulement plus rapide.

Pour nettoyer la base de la yaourtière, passez une éponge humide à l'endroit où se placent les pots, puis séchez ; ne la mettez jamais sous l'eau. Le capot étant indépendant, il se lave séparément sous l'eau.

Ce livre est séparé en deux chapitres : yaourts sucrés et yaourts salés. J'ai privilégié en plus grand nombre les préparations sucrées car elles font davantage partie de notre mode de consommation du yaourt. Libre à chacun ensuite d'inventer et d'étendre la fantaisie à plus de recettes, sucrées ou salées, selon ses préférences.

Les yaourts salés peuvent être consommés en accompagnement d'une viande blanche grillée, de petits légumes cuits ou crus, de riz, de couscous ou de pommes de terre, de pain, de pita, de toasts croustillants, etc. Ils peuvent également entrer dans la composition d'une sauce.

Toutes les recettes ont été prévues pour 8 pots d'une contenance de 10 cl chacun.

Nathalie de Loeper

Yaourt compote de pommes-spéculos

POUR **8** POTS

PRÉPARATION : 8 MIN
ÉTUVE : 8 H

~

75 cl de lait entier
1 yaourt
16 spéculos
8 cuil. à soupe bombées de compote de pommes plutôt sucrée

Coupez les spéculos en petits morceaux.

Mixez le lait avec les spéculos, le yaourt et la compote de pommes.

Versez la préparation dans les pots de yaourt. Ne couvrez pas.

Placez les yaourts dans la yaourtière, fermez-la et mettez-la en route. Laissez étuver 8 heures, fermez les yaourts et mettez-les au réfrigérateur.

BONUS GOURMAND : Vous pouvez remplacer la compote de pommes par une compote de poires ou de la purée de potimarron ; rajoutez alors 2 cuillerées à soupe de sucre de canne ou de vergeoise.

Yaourt thé Earl Grey et bergamotes de Nancy

POUR **8** POTS

PRÉPARATION : 12 MIN
INFUSION : 10 MIN
ÉTUVE : 8 H

~

75 cl de lait entier

1 yaourt

4 cuil. à soupe rases de thé Earl Grey

20 bonbons à la bergamote de Nancy

Faites bouillir le lait, ajoutez le thé et les bonbons à la bergamote, puis laissez infuser 10 minutes.

Mélangez bien au fouet ; passez ensuite le lait à travers un tamis et laissez-le tiédir.

Mélangez le yaourt avec un peu de lait jusqu'à l'obtention d'une préparation fluide et homogène, ajoutez le reste du lait et battez.

Versez la préparation dans les pots de yaourt. Ne couvrez pas.

Placez les yaourts dans la yaourtière, fermez-la et mettez-la en route. Laissez étuver 8 heures, fermez les yaourts et mettez-les au réfrigérateur.

BONUS GOURMAND : Vous pouvez remplacer le thé Earl Grey par du lapsong souchong, vous obtiendrez alors un petit goût fumé.

Yaourt au thé vert

POUR **8** POTS

PRÉPARATION : 8 MIN
ÉTUVE : 8 H

~

75 cl de lait entier

1 yaourt

2 cuil. à soupe de matcha (thé vert en poudre)

5 cuil. à soupe de sucre

Faites tiédir le lait.

Délayez le thé et le sucre dans le lait. Portez à ébullition.

Retirez du feu et laissez infuser 30 minutes avant de filtrer.

Battez le yaourt avec un peu de lait jusqu'à l'obtention d'une préparation fluide ; ajoutez le reste du lait et battez de nouveau pour homogénéiser.

Versez la préparation dans les pots de yaourt. Ne couvrez pas.

Placez les yaourts dans la yaourtière, fermez-la et mettez-la en route. Laissez étuver 8 heures, fermez les yaourts et mettez-les au réfrigérateur.

BONUS GOURMAND : Dans la préparation, vous pouvez ajouter 2 cuillerées à soupe de sirop de menthe.

Yaourt Nutella®-noisettes

POUR **8** POTS

PRÉPARATION : 12 MIN
ÉTUVE : 8 H

~

75 cl de lait entier
1 yaourt
160 g de Nutella®
40 g de poudre de noisettes

Faites tiédir le lait.

Ajoutez le Nutella® et la poudre de noisettes, mélangez bien.

Mélangez le yaourt avec un peu de lait jusqu'à l'obtention d'une préparation fluide et homogène, ajoutez le reste du lait et battez pour mélanger.

Versez la préparation dans les pots de yaourt, sans couvrir.

Placez les yaourts dans la yaourtière, fermez-la et mettez-la en route. Laissez étuver 8 heures, fermez les yaourts et mettez-les au réfrigérateur.

BONUS GOURMAND : Vous pouvez remplacer la poudre de noisettes par de la poudre de noix.

LUNDI

Yaourt aux dattes

POUR **8** POTS

PRÉPARATION : 12 MIN
ÉTUVE : 8 H

~

75 cl de lait entier

1 yaourt

100 g de mélasse

8 dattes medjoul (grosses dattes très charnues, fondantes et sucrées)

Faites tiédir le lait avec la mélasse pour qu'elle fonde bien.

Retirez les noyaux des dattes et coupez ces dernières en morceaux.

Mixez le lait entier à la mélasse avec le yaourt et les dattes.

Versez la préparation dans les pots de yaourt. Ne couvrez pas.

Placez les yaourts dans la yaourtière, fermez-la et mettez-la en route. Laissez étuver 8 heures, fermez les yaourts et mettez-les au réfrigérateur.

BONUS GOURMAND : Remplacez la mélasse par du miel d'acacia.

Yaourt à la crème de marrons

POUR **8** POTS
PRÉPARATION : 12 MIN
ÉTUVE : 8 H

~

75 cl de lait entier
1 yaourt
250 g de crème de marrons sucrée de bonne qualité

Faites tiédir le lait, ajoutez la crème de marrons et mélangez bien.

Mélangez le yaourt avec un peu de lait jusqu'à l'obtention d'une préparation fluide et homogène, ajoutez le reste du lait et battez pour mélanger.

Versez la préparation dans les pots de yaourt. Ne couvrez pas.

Placez les yaourts dans la yaourtière, fermez-la et mettez-la en route. Laissez étuver 8 heures, fermez les yaourts et mettez-les au réfrigérateur.

BONUS GOURMAND : Vous pouvez ajouter deux marrons glacés coupés en petits morceaux.

Yaourt au sirop d'érable et aux crêpes dentelle

POUR **8** POTS

PRÉPARATION : 12 MIN
ÉTUVE : 8 À 10 H

~

75 cl de lait entier

1 yaourt

8 crêpes dentelle

8 cuil. à soupe de sirop d'érable

Faites tiédir le lait et mélangez-le avec le sirop d'érable.

Mixez finement le lait au sirop avec les crêpes dentelle et le yaourt.

Versez la préparation dans les pots de yaourt. Ne couvrez pas.

Placez les yaourts dans la yaourtière, fermez-la et mettez-la en route. Laissez étuver 4 à 5 heures, remuez et remettez à étuver autant de temps. Fermez les yaourts et mettez-les au réfrigérateur.

BONUS GOURMAND : Remplacez les crêpes dentelle nature par des crêpes dentelle au chocolat ou par des petites meringues.

Yaourt au pain d'épice

POUR **8** POTS

PRÉPARATION : 10 MIN
ÉTUVE : 8 H

~

75 cl de lait entier
1 yaourt
120 g de pain d'épice
40 g de miel (facultatif)

Faites tiédir le lait avec le miel (si le pain d'épice est très sucré, le miel n'est pas nécessaire).

Coupez le pain d'épice en petits morceaux.

Mixez le lait entier au miel avec le yaourt et le pain d'épice.

Versez la préparation dans les pots de yaourt. Ne couvrez pas.

Placez les yaourts dans la yaourtière, fermez-la et mettez-la en route. Laissez étuver 8 heures, fermez les yaourts et mettez-les au réfrigérateur.

BONUS GOURMAND : Pour un pain d'épice maison, mélangez 250 g de farine complète avec 50 g de sucre de canne, 1 sachet de levure chimique et 1 cuillerée à soupe d'un mélange d'épices (quatre-épices, cannelle, cardamome, gingembre, anis). Diluez 120 g de miel dans 20 cl de lait tiède et mélangez le tout. Faites cuire dans un moule à cake 45 minutes à 160 °C (th. 4-5).

Yaourt à la myrtille

POUR **8** POTS

PRÉPARATION : 5 MIN
ÉTUVE : 8 H

~

75 cl de lait entier

1 yaourt

240 g de confiture de myrtilles de très bonne qualité (riche en arôme)

Mixez le yaourt avec le lait et la confiture de myrtilles jusqu'à l'obtention d'une préparation homogène.

Versez la préparation dans les pots de yaourt. Ne couvrez pas.

Placez les yaourts dans la yaourtière, fermez-la et mettez-la en route. Laissez étuver 8 heures, fermez les yaourts et mettez-les au réfrigérateur.

Au moment de déguster, mélangez le yaourt pour qu'il soit bien homogène.

BONUS GOURMAND : Remplacez la confiture de myrtilles par une très bonne confiture de fruits rouges.

Yaourt aux shamallows

POUR **8** POTS

PRÉPARATION : 12 MIN
ÉTUVE : 8 H

~

75 cl de lait entier
1 yaourt
200 g de shamallows

Faites tiédir le lait avec les shamallows, jusqu'à ce qu'ils aient complètement fondu.

Mélangez le yaourt avec un peu de lait jusqu'à l'obtention d'une préparation fluide ; ajoutez le reste du lait et battez pour que la préparation soit parfaitement homogène.

Versez la préparation dans les pots de yaourt. Ne couvrez pas.

Placez les yaourts dans la yaourtière, fermez-la et mettez-la en route. Laissez étuver 8 heures, fermez les yaourts et mettez-les au réfrigérateur.

BONUS GOURMAND : Remplacez les shamallows par des guimauves artisanales.

Yaourt au caramel

POUR **8** POTS
PRÉPARATION : 8 MIN
ÉTUVE : 8 H

~

75 cl de lait entier
1 yaourt
240 g de caramel

Faites tiédir le lait avec le caramel jusqu'à l'obtention d'un mélange homogène.

Mixez le lait au caramel avec le yaourt.

Versez la préparation dans les pots de yaourt. Ne couvrez pas.

Placez les yaourts dans la yaourtière, fermez-la et mettez-la en route. Laissez étuver 8 heures, fermez les yaourts et mettez-les au réfrigérateur.

BONUS GOURMAND : Pour un caramel maison, portez à ébullition 100 g de sucre avec le zeste d'un citron non traité, 1 cuillerée à café de vinaigre et 3 cuillerées à café d'eau. Retirez du feu quand le caramel est blond. Hors du feu, versez avec précaution un demi-verre d'eau bouillante. Remettez la casserole à feu doux et faites fondre jusqu'à l'obtention d'un caramel homogène. Laissez refroidir.

Yaourt à la crème anglaise

POUR **8** POTS

PRÉPARATION : 15 MIN
CUISSON : 10 MIN
ÉTUVE : 8 H

~

75 cl de lait entier
1 yaourt
6 jaunes d'œufs extra-frais
50 g de sucre
1 gousse de vanille bourbon bien fraîche

Battez les jaunes d'œufs au fouet avec le sucre jusqu'à ce que le mélange blanchisse.

Faites bouillir le lait avec la gousse de vanille fendue en deux. Sans cesser de battre, versez le lait bouillant sur le mélange aux œufs . Reversez le tout dans la casserole et placez sur feu vif.

Remuez sans cesse et vivement au fouet manuel jusqu'à ce que la crème épaississe suffisamment pour napper une cuillère. Retirez du feu, versez dans une jatte et laissez tiédir. Grattez l'intérieur de la gousse de vanille pour en extraire les graines, puis jetez-la.

Battez un peu de crème avec le yaourt jusqu'à ce que le mélange soit homogène, ajoutez le reste de la crème et mélangez bien.

Versez la préparation dans les pots de yaourt. Ne couvrez pas.

Placez les yaourts dans la yaourtière, fermez-la et mettez-la en route. Laissez étuver 8 heures, fermez les yaourts et mettez-les au réfrigérateur.

BONUS GOURMAND : Vous pouvez remplacer la vanille par 3 cuillerées à soupe de Grand Marnier®.

imperial
pint
fl.oz

Yaourt à l'angélique confite

POUR **8** POTS

PRÉPARATION : 12 MIN
INFUSION : 1 H
ÉTUVE : 8 H

~

75 cl de lait entier
1 yaourt
80 g d'angélique confite
40 g de sucre

Faites chauffer le lait avec l'angélique finement coupée et le sucre. Mixez et laissez infuser pendant 1 heure.

Ajoutez le yaourt et mélangez bien. Passez au tamis fin et pressez ce qui reste d'angélique. (Vous pouvez utiliser la pulpe restante dans un gâteau.)

Versez la préparation dans les pots de yaourt, sans couvrir.

Placez les yaourts dans la yaourtière, fermez-la et mettez-la en route. Laissez étuver 8 heures, fermez les yaourts et mettez-les au réfrigérateur.

BONUS GOURMAND : Choisissez de l'angélique confite de bonne qualité ; la meilleure se trouve chez les confiseurs et provient du Marais poitevin. Vous pouvez la remplacer par des violettes confites, mais là encore visez la qualité confiseur.

Yaourt chocolat noir-écorce d'orange confite

POUR **8** POTS

PRÉPARATION : 12 MIN
ÉTUVE : 8 H

~

75 cl de lait entier

1 yaourt

240 g de chocolat noir corsé (70 % de cacao minimum)

40 g d'écorce d'orange confite

Faites chauffer le lait.

Cassez le chocolat noir en petits morceaux. Émincez très finement l'écorce d'orange confite.

Faites fondre le chocolat dans le lait chaud et ajoutez les morceaux d'écorce d'orange. Laissez tiédir.

Mélangez le yaourt avec un peu de lait jusqu'à l'obtention d'une préparation fluide et homogène, ajoutez le reste du lait et battez.

Versez la préparation dans les pots de yaourt. Ne couvrez pas.

Placez les yaourts dans la yaourtière, fermez-la et mettez-la en route. Laissez étuver 8 heures, fermez les yaourts et mettez-les au réfrigérateur.

BONUS GOURMAND : Vous pouvez remplacer l'écorce d'orange confite par 1 cuillerée à café d'un mélange d'épices (quatre-épices, cannelle, anis, cardamome).

Yaourt à la pâte d'amande

POUR **8** POTS
PRÉPARATION : 8 MIN
ÉTUVE : 8 H

~

75 cl de lait entier

1 yaourt

240 g de pâte d'amande sans colorant

Faites chauffer le lait.

Coupez la pâte d'amande en petits morceaux et faites-la fondre dans le lait chaud. Laissez tiédir.

Ajoutez le yaourt, mixez le tout.

Versez la préparation dans les pots de yaourt. Ne couvrez pas.

Placez les yaourts dans la yaourtière, fermez-la et mettez-la en route. Laissez étuver 8 heures, fermez les yaourts et mettez-les au réfrigérateur.

BONUS GOURMAND : Si vous voulez des yaourts colorés, utilisez de la pâte d'amande colorée. Vous pouvez aussi remplacer la pâte d'amande par des gâteaux à la noix de coco.

Yaourt au sirop d'orgeat

POUR **8** POTS

PRÉPARATION : 5 MIN
ÉTUVE : 8 H

~

75 cl de lait entier

1 yaourt

8 cuil. à soupe de sirop d'orgeat

Mixez ensemble le lait entier, le yaourt et le sirop d'orgeat.

Versez la préparation dans les pots de yaourt. Ne couvrez pas.

Placez les yaourts dans la yaourtière, fermez-la et mettez-la en route. Laissez étuver 8 heures, fermez les yaourts et mettez-les au réfrigérateur.

BONUS GOURMAND : Vous pouvez remplacer le sirop d'orgeat par d'autres sirops originaux : anis, ice-tea, etc.

Yaourt chocolat blanc-pistache

POUR **8** POTS

PRÉPARATION : 12 MIN
ÉTUVE : 8 H

~

75 cl de lait entier
1 yaourt
240 g de chocolat blanc de bonne qualité
1 cuil. à soupe de pistaches non salées décortiquées

Faites tiédir le lait.

Cassez le chocolat blanc en petits morceaux. Hachez grossièrement les pistaches.

Faites fondre le chocolat dans le lait tiède.

Mélangez le yaourt avec un peu de lait jusqu'à l'obtention d'une préparation fluide et homogène, ajoutez le reste du lait et battez.

Versez la préparation dans les pots de yaourt, répartissez les éclats de pistache entre les pots. Ne couvrez pas.

Placez les yaourts dans la yaourtière, fermez-la et mettez-la en route. Laissez étuver 8 heures, fermez les yaourts et mettez-les au réfrigérateur.

BONUS GOURMAND : Vous pouvez remplacer les pistaches par des raisins secs macérés 1 heure dans du thé chaud puis égouttés.

Yaourt chocolat-café

POUR **8** POTS

PRÉPARATION : 10 MIN
ÉTUVE : 8 H

~

75 cl de lait entier

1 yaourt

240 g de chocolat noir corsé (70 % de cacao minimum)

4 cuil. à soupe rases de café instantané de bonne qualité

Faites tiédir le lait.

Cassez le chocolat en petits morceaux.

Faites fondre le chocolat et le café instantané dans le lait tiède.

Mélangez le yaourt avec un peu de lait jusqu'à l'obtention d'une préparation fluide et homogène, ajoutez le reste du lait et battez.

Versez la préparation dans les pots de yaourt. Ne couvrez pas.

Placez les yaourts dans la yaourtière, fermez-la et mettez-la en route. Laissez étuver 5 heures, mélangez et remettez à étuver autant de temps. Fermez les yaourts et mettez-les au réfrigérateur.

BONUS GOURMAND : Vous pouvez faire infuser une gousse de vanille coupée en deux, pendant 1 heure, dans le lait préalablement chauffé, puis en gratter les graines. Le mélange café, chocolat, vanille sera très réussi.

Yaourt coco-banane

POUR **8** POTS

PRÉPARATION : 8 MIN
CUISSON : 2 MIN
ÉTUVE : 8 À 10 H

~

40 cl de lait entier
35 cl de lait de coco
1 yaourt
240 g de bananes
1 sachet de sucre vanillé

Épluchez les bananes, retirez les fils.

Coupez les bananes en deux dans la longueur.

Faites cuire les bananes 1 à 2 minutes dans un micro-ondes à 600 W afin qu'elles soient bien tendres. Si vous ne possédez pas de micro-ondes, faites-les cuire 5 minutes à la vapeur.

Mixez les bananes cuites avec le lait entier, le lait de coco, le yaourt et le sucre vanillé.

Répartissez la préparation bien homogène entre les pots de yaourt. Ne couvrez pas.

Placez les yaourts dans la yaourtière, fermez-la et mettez-la en route. Laissez étuver 4 à 5 heures puis remuez les yaourts et relancez l'étuve en appuyant sur le bouton. Laissez encore 4 à 5 heures, fermez les yaourts et mettez-les au réfrigérateur.

BONUS GOURMAND : Remplacez les bananes par une purée d'ananas au sirop.

Yaourt chocolat-gingembre

POUR **8** POTS

PRÉPARATION : 10 MIN
ÉTUVE : 8 H

~

75 cl de lait entier

1 yaourt

240 g de chocolat noir corsé (70 % de cacao minimum)

1 cuil. à café de gingembre en poudre

Faites tiédir le lait.

Cassez le chocolat en petits morceaux.

Faites fondre le chocolat dans le lait tiède avec le gingembre en poudre.

Mélangez le yaourt avec un peu de lait jusqu'à l'obtention d'une préparation fluide et homogène, ajoutez le reste du lait et battez.

Versez la préparation dans les pots de yaourt. Ne couvrez pas.

Placez les yaourts dans la yaourtière, fermez-la et mettez-la en route. Laissez étuver 8 heures, fermez les yaourts et mettez-les au réfrigérateur.

BONUS GOURMAND : Vous pouvez remplacer le gingembre en poudre par du gingembre confit râpé, infusé 1 heure dans le lait chaud (sans le chocolat). Utilisez ce lait parfumé après l'avoir filtré à travers une passoire fine.

POUR **8** POTS

PRÉPARATION : 5 MIN
ÉTUVE : 8 À 9 H

~

70 cl de lait ribot ou de lait fermenté

1 yaourt

8 cuil. à soupe bombées de compote de pêches en boîte

2 cuil. à soupe de sucre de canne

Yaourt lait ribot-compote de pêches

Mixez le lait ribot avec le yaourt, la compote de pêches et le sucre jusqu'à l'obtention d'un mélange homogène.

Répartissez la préparation entre les pots de yaourt. Ne couvrez pas.

Placez les yaourts dans la yaourtière, fermez-la et mettez-la en route. Laissez étuver 8 à 9 heures, fermez les yaourts et mettez-les au réfrigérateur.

Au moment de déguster, mélangez le yaourt pour homogénéiser.

BONUS GOURMAND : Vous pouvez remplacer le sucre de canne par de la vergeoise ou du sucre vanillé.
Pour un yaourt gourmand miel-cannelle, remplacez le sucre de canne par 160 g de miel et la compote par 8 grosses pincées de cannelle en poudre.

Yaourt curcuma-potimarron

POUR **8** POTS

PRÉPARATION : 5 MIN
ÉTUVE : 9 H

~

40 cl de lait entier
35 cl de lait de coco
1 yaourt
240 g de potimarron en purée
1 cuil. à café de curcuma en poudre

Mixez le yaourt avec le lait de coco, le lait entier, le curcuma et la purée de potimarron jusqu'à l'obtention d'une préparation bien homogène.

Versez la préparation dans les pots de yaourt. Ne couvrez pas.

Placez les yaourts dans la yaourtière, fermez-la et mettez-la en route. Laissez étuver 5 heures et remuez le mélange dans chaque pot, puis remettez à étuver pendant 4 heures.

Fermez les yaourts, mettez-les au réfrigérateur.

Ce yaourt peut servir d'accompagnement pour des papadum, des blancs de poulet ou du riz, par exemple.

BONUS GOURMAND : Vous pouvez aussi utiliser une purée de carottes et remplacer le curcuma par du curry.

Yaourt algue-surimi

POUR **8** POTS

PRÉPARATION : 10 MIN
ÉTUVE : 8 À 9 H

~

70 cl de lait entier

1 yaourt

10 bâtonnets de surimi au crabe

6 feuilles d'algue nori

Coupez les feuilles d'algue en bandes étroites puis ciselez-les finement.

Découpez les bâtonnets de surimi en petits morceaux.

Mixez le lait avec les algues finement ciselées, le surimi et le yaourt.

Répartissez la préparation bien homogène entre les pots de yaourt. Ne couvrez pas.

Placez les yaourts dans la yaourtière, fermez-la et mettez-la en route. Laissez étuver 8 à 9 heures, fermez les yaourts et mettez-les au réfrigérateur.

Ce yaourt peut accompagner du poisson ou du riz, ou servir de sauce pour une salade.

BONUS GOURMAND : Vous pouvez remplacer les bâtonnets de surimi par des dés de saumon fumé.

Yaourt aux tomates confites

POUR **8** POTS

PRÉPARATION : 8 MIN
ÉTUVE : 8 À 9 H

~

75 cl de lait entier

1 yaourt

160 g de tomates confites dans l'huile

Égouttez les tomates confites puis coupez-les en tout petits morceaux.

Mixez les tomates confites avec le lait entier et le yaourt.

Répartissez la préparation bien homogène entre les pots de yaourt. Ne couvrez pas.

Placez les yaourts dans la yaourtière, fermez-la et mettez-la en route. Laissez étuver 8 à 9 heures, fermez les yaourts et mettez-les au réfrigérateur.

Ce yaourt est idéal avec des gressins, des pains ciabatta ou des pitas, ou bien comme sauce pour salade ou sandwich.

BONUS GOURMAND : Remplacez les tomates confites par des cœurs d'artichauts cuits et confits dans l'huile.

Yaourt lait ribot, chips et curry

POUR **8** POTS
PRÉPARATION : 8 MIN
ÉTUVE : 8 À 10 H

~

70 cl de lait ribot
1 yaourt
80 g de chips de maïs épicées
1 cuil. à café de pâte de curry

Réduisez les chips de maïs en chapelure.

Mixez le lait ribot avec la chapelure de chips, la pâte de curry et le yaourt.

Répartissez la préparation bien homogène entre les pots de yaourt. Ne couvrez pas.

Placez les yaourts dans la yaourtière, fermez-la et mettez-la en route. Laissez étuver 4 à 5 heures puis remuez les yaourts et relancez l'étuve. Laissez encore 4 à 5 heures, fermez les yaourts et mettez-les au réfrigérateur.

Ce yaourt fait une sauce délicieuse pour la viande blanche ou les crudités, par exemple.

BONUS GOURMAND : Pour un yaourt plus parfumé, remplacez le lait de vache par du lait de chèvre.

Yaourt guacamole-piment

POUR **8** POTS

PRÉPARATION : 5 MIN
ÉTUVE : 8 À 10 H

~

70 cl de lait entier

1 yaourt

240 g de guacamole

quelques pincées de piment en poudre (selon le goût)

Mixez le guacamole avec le lait, le yaourt et quelques pincées de piment en poudre.

Répartissez la préparation bien homogène entre les pots de yaourt. Ne couvrez pas.

Placez les yaourts dans la yaourtière, fermez-la et mettez-la en route. Laissez étuver 4 à 5 heures, remuez les yaourts et relancez l'étuve. Laissez encore 4 à 5 heures, fermez les yaourts et mettez-les au réfrigérateur.

Ce yaourt est un accompagnement idéal pour les tacos, les tortillas, les crudités ou les toasts, par exemple.

BONUS GOURMAND : Vous pouvez remplacer le guacamole par du hoummos ; ajoutez alors de l'ail en poudre.

Yaourt roquefort-noix

POUR **8** POTS

PRÉPARATION : 15 MIN
ÉTUVE : 8 À 10 H

~

70 cl de lait de chèvre
1 yaourt
8 noix
160 g de roquefort

Écalez les noix, écrasez les cerneaux au pilon.

Mixez le roquefort avec le lait, le yaourt et les noix écrasées.

Répartissez la préparation bien homogène entre les pots de yaourt. Ne couvrez pas.

Placez les yaourts dans la yaourtière, fermez-la et mettez-la en route. Laissez étuver 4 à 5 heures, remuez les yaourts et relancez l'étuve. Laissez encore 4 à 5 heures, fermez les yaourts et mettez-les au réfrigérateur.

Ce yaourt peut notamment servir de sauce pour la salade ou d'accompagnement pour une viande blanche grillée.

BONUS GOURMAND : Remplacez le roquefort par un bleu d'Auvergne ou de Geix, ou par du cheddar.

Yaourt fromage de chèvre-ciboulette

POUR **8** POTS

PRÉPARATION : 10 MIN
ÉTUVE : 8 À 10 H

~

70 cl de lait de chèvre

1 yaourt

160 g de fromage de chèvre frais

20 brins de ciboulette

1 cuil. à café d'ail en poudre

Lavez et séchez la ciboulette, puis ciselez-la.

Écrasez le chèvre frais à la fourchette.

Mixez le chèvre avec l'ail, le yaourt et le lait, ajoutez la ciboulette et mélangez.

Répartissez la préparation entre les pots de yaourt. Ne couvrez pas.

Placez les yaourts dans la yaourtière, fermez-la et mettez-la en route. Laissez étuver 4 à 5 heures, remuez les yaourts et relancez l'étuve. Laissez encore 4 à 5 heures, fermez les yaourts et mettez-les au réfrigérateur.

Ce yaourt est une sauce idéale pour les chips, les crudités et les gressins, par exemple.

BONUS GOURMAND : Vous pouvez remplacer la ciboulette fraîche par 1 cuillerée à soupe d'origan ou de marjolaine séchée.

Yaourt citronnelle-gingembre

POUR **8** POTS

PRÉPARATION : 15 MIN
INFUSION : 1 H
ÉTUVE : 8 À 9 H

~

70 cl de lait entier

1 yaourt

4 tiges de citronnelle fraîche

4 tiges de basilic thaïlandais

1 morceau de gingembre frais de la taille d'une noix

Épluchez le morceau de gingembre, lavez les tiges de citronnelle et les tiges de basilic. Hachez grossièrement tous ces ingrédients.

Faites chauffer le lait à feu doux avec le gingembre, la citronnelle et le basilic haché, jusqu'à ébullition. Coupez le feu et laissez infuser 1 heure.

Filtrez le lait à travers un chinois ou une passoire puis mixez-le avec le yaourt.

Versez la préparation dans les pots de yaourt. Ne couvrez pas.

Placez les yaourts dans la yaourtière, fermez-la et mettez-la en route. Laissez étuver 8 à 9 heures, fermez les yaourts et mettez-les au réfrigérateur.

Ce yaourt peut notamment servir d'accompagnement pour du poisson, du porc ou du riz.

BONUS GOURMAND : Vous pouvez ajouter, à macérer dans le lait, 1 cuillerée à soupe de pâte de citron confit.

Yaourt ricotta-courgettes grillées

POUR **8** POTS

PRÉPARATION : 15 MIN
CUISSON : 8 MIN
ÉTUVE : 8 À 9 H

~

70 cl de lait entier
1 yaourt
100 g de ricotta
1 courgette
1 cuil. à soupe d'huile d'olive
poivre du moulin

Lavez la courgette, émincez-la en très fines tranches à l'aide d'un épluche-légumes.

Dans une poêle antiadhésive, faites sauter les tranches de courgette poivrées quelques minutes à l'huile d'olive, jusqu'à ce qu'elles soient bien dorées des deux côtés ; retirez-les de la poêle.

Mixez le lait avec le yaourt, la ricotta et les tranches de courgette.

Répartissez la préparation bien homogène entre les pots de yaourt. Ne couvrez pas.

Placez les yaourts dans la yaourtière, fermez-la et mettez-la en route. Laissez étuver 8 à 9 heures, fermez les yaourts et mettez-les au réfrigérateur.

Ce yaourt peut être utilisé pour garnir des mini-fonds de tarte, pour farcir des tomates cerises ou pour accompagner de l'avocat, par exemple.

BONUS GOURMAND : Vous pouvez remplacer la courgette par du poivron rouge confit dans l'huile et ajouter un peu d'ail en poudre.

index par ingrédients

Remerciements

Virginie Michelin

Merci aux boutiques qui ont eu la gentillesse de me prêter
les arts de la table et le mobilier nécessaires à la réalisation de ce livre :

The Conran Shop
117, rue du bac
75007 Paris
www.conranshop.fr

Potiron
Magasin Paris Nation
3, Cours de Vincennes
75020 Paris
www.potiron.com

Photogravure : APS/Chromostyle

Achevé d'imprimer en mars 2010 sur les presses DEDALO à Valladolid
Dépôt légal : mars 2010

Imprimé en Espagne